CIENCIA FÍSICA

De hielo a vapor

Cambios de estado de la materia

Penny Johnson

www.rourkeeducationalmedia.com

PHOTO CREDITS: p. 39: Douglas Allen/istockphoto.com; p. 19:Kelly Cline/istockphoto.com; pp. 29, 42: Corbis; p. 8: Liz Friis-Larsen/istockphoto.com; p. 6 right & 7: Lise Gagne/ istockphoto.com; p. 13: Amn Matthew J. Hannen/USAF/ Department of Defense; p. 15: David Hernandez/istockphoto.com; pp. 6 middle, 16, 18: istockphoto.com; p. 27: Steve Klaver/Star Ledger/Corbis; p. 33: Jacques Langevin/CORBIS SYGMA; p. 41: David Lewis/istockphoto.com; p.43: Xavier Marchant/istockphoto.com; p. 26: Jamie Marland/ istockphoto.com; p. 24: James Martin/Getty Images; p. 4: NASA; p. 12: NOAA; p. 6 left Christopher O'Driscoll/istockphoto.com; p. 20: Rey Rojo/istockphoto.com;
p. 25: Cedric H. Rudisill/USAF/Department of Defense; p. 40: Clive Sanders/EASI-Images/ CFWImages.com; p. 23: Kit Sen Chin/istockphoto.com; p. 17: Jordan Shaw/istockphoto.com; p. 21: Matt Tilghman/istockphoto.com; p. 31: R.I. Tiling/U.S. Geographical Survey;
p. 5: Tony Tremblay/istockphoto.com; p. 11: Michael Valdez/istockphoto.com; p. 22: Graça Victoria/istockphoto.com; p. 32: Roger Werth/Time & Life/Getty Images; p. 30: Shannon Workman/istockphoto.com.

Cover shows a snowy landscape in the Austrian Alps [Ingmar Wesemann/istockphoto.com].

Produced for Rourke Publishing by Discovery Books
Editors: Geoff Barker, Amy Bauman, Rebecca Hunter
Designer: Ian Winton
Cover designer: Keith Williams
Illustrator: Stefan Chabluk
Photo researcher: Rachel Tisdale

Editorial/Production services in Spanish
by Cambridge BrickHouse, Inc.
www.cambridgebh.com

Johnson, Penny.
De hielo a vapor: Cambios de estado de la materia / Penny Johnson.
ISBN 978-1-63155-073-7 (hard cover - Spanish)
ISBN 978-1-62717-309-4 (soft cover - Spanish)
ISBN 978-1-62717-509-8 (e-Book - Spanish)
ISBN 978-1-61236-231-1 (soft cover - English)
Library of Congress Control Number: 2014941417

Rourke Educational Media
Printed in the United States of America,
North Mankato, Minnesota

www.rourkepublishing.com - rourke@rourkepublishing.com
Post Office Box 643328 Vero Beach, Florida 32964

Contenido

Capítulo uno

De hielo a vapor

Mira esta foto de la Tierra. Aquí puedes ver el continente africano. El resto de lo que ves es agua en forma de océanos, **nubes** y hielo.

Sólidos, líquidos y gases

Los océanos contienen agua **líquida** mezclada con sal y otros compuestos químicos. Las nubes que ves son pequeñas gotas de agua líquida flotando en el aire.

Hay hielo alrededor de los polos, porque allí hay mucho frío. El hielo es agua **sólida**. Es la misma sustancia que el agua líquida, pero tiene características diferentes, porque es un sólido.

El aire que rodea la Tierra es un **gas.** Contiene **vapor de agua**. Esto es agua que se ha convertido en gas. No podemos ver el vapor de agua.

Podemos describir todas las cosas que nos rodean como sólidos, líquidos o gases. Cada tipo de sustancia tiene propiedades diferentes.

Los sólidos tienen formas y **volúmenes** definidos. Necesitarías una fuerza para intentar cambiar un sólido. Los líquidos no tienen forma definida. Los puedes verter. Los líquidos tienen volúmenes definidos. Los gases no tienen formas ni volúmenes definidos. Los gases se expanden hasta llenar el espacio donde están.

▲*El hielo es una sustancia sólida.*

Cambios de estado

El hielo, el agua líquida y el vapor de agua son tres estados diferentes del agua. Puedes cambiar el agua de un estado a otro al cambiar la temperatura.

Si calientas el hielo, se convierte en agua líquida. Esto se llama **fusión**. La fusión ocurre cuando la temperatura es de 32 °F (0 °C) o mayor. Este es el **punto de fusión** del agua.

Si se enfría el agua líquida a 32 °F (0 °C) o menos, se convierte en sólido. Esto se llama **congelación.** Los **puntos de congelación** y de fusión de una sustancia ocurren a la misma temperatura.

Fusión **Evaporación**

CALOR

ENFRIAMIENTO

Congelación **Condensación**

VAPOR INVISIBLE

El vapor es un gas invisible. No puedes ver el vapor. Lo que se ve cuando el agua hierve son realmente pequeñas gotas de agua.

El agua líquida puede convertirse en un gas a cualquier temperatura. Decimos que se **evapora**. La evaporación ocurre más rápido cuando el agua se calienta a 212 °F (100 °C). Este es el **punto de ebullición** del agua. Cuando el agua está **hirviendo**, llamamos al agua caliente **vapor de agua**.

Cuando el vapor de agua se enfría, forma de nuevo agua líquida. Esto se llama **condensación**.

Capítulo dos

El agua y el tiempo

Parte del agua que bebes proviene de los ríos. Parte proviene del agua de lluvia que se empapa en la Tierra. Toda esta agua vino originalmente del océano. Finalmente, volverá al océano. Este movimiento del agua se llama **Ciclo del agua**.

¿QUIÉN HA TOMADO ANTES TU AGUA?

¡Puede que hayas bebido de la misma agua que bebió Abraham Lincoln! Esto se debe a que el agua siempre está en movimiento durante el Ciclo del agua.

El Ciclo del agua
4. Si hace frío, el agua de las nubes se congela y forma nieve.
3. Las gotas de agua se unen, se hacen más grandes y caen como lluvia.
2. El vapor de agua se enfría y se condensa. Las gotas de agua forman nubes.
1. El calor del Sol evapora el agua del océano.
5. La lluvia fluye hacia los ríos y corrientes de agua. El agua de los ríos va a los océanos. El agua se almacena en lagos y reservas.
6. Parte del agua se filtra bajo tierra. Podemos hacer pozos para sacarla.

¿Cómo llega el agua a tu casa?

El agua que utilizas todos los días ha llegado de un río o de un pozo. Se trae a tu casa a través de muchos kilómetros de tuberías.

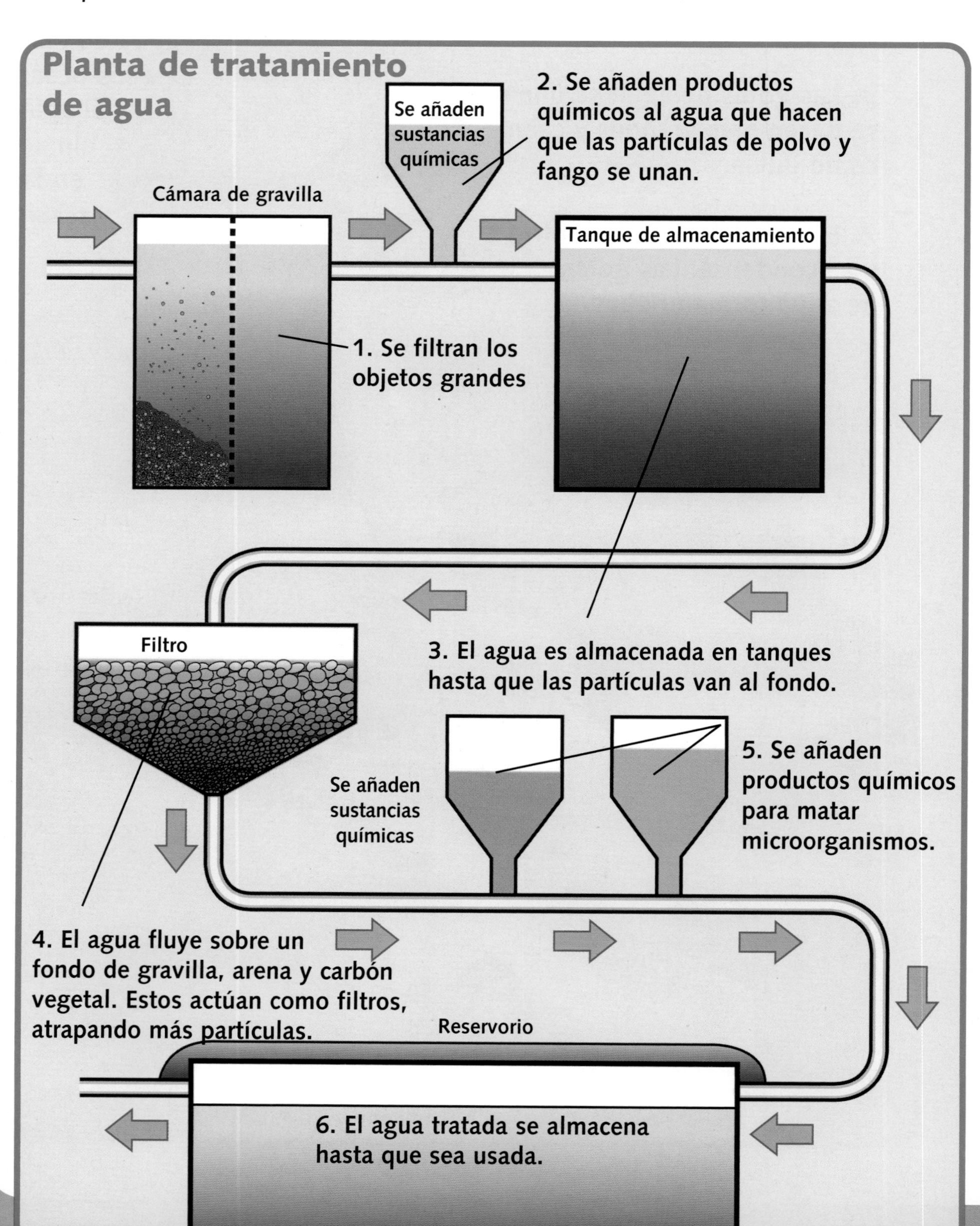

TOMANDO AGUA DE MAR

La mayoría del agua en la Tierra está en los océanos. Esta agua es salada, así que no podemos beberla. Algunos países carecen de ríos. Su agua potable proviene del océano. El agua del océano debe ser tratada en una planta de desalinización para quitarle la sal. Esto cuesta mucho más dinero que limpiar el agua de los ríos.

El agua de un río puede ser muy fangosa. Puede contener **microorganismos** que podrían dañarte. El agua tiene que ser tratada para asegurarnos de que se puede beber con seguridad.

El agua de lavabos, duchas e inodoros se lleva en tuberías del alcantarillado. Estas aguas se llaman aguas residuales. Las aguas residuales deben tratarse antes de devolverlas a los ríos o el mar. Esto detiene la **contaminación** que podrían causar los residuos.

▼*Las aguas residuales se purifican en una planta de tratamiento de agua.*

Condiciones meteorológicas extremas

Las nubes se forman cuando se condensa el vapor de agua en el aire. A veces las nubes se convierten en cumulonimbos enormes. Estas nubes pueden traer mal tiempo.

Dentro de los cumulonimbos hay fuertes vientos que soplan hacia arriba y hacia abajo. Por eso es peligroso para los aviones volar a través de ellos. Los vientos dentro de la nube también causan truenos y relámpagos.

RAYOS

En Estados Unidos, los rayos matan a más de 70 personas cada año.

▲*Rayos de una nube cumulonimbo*

▲*Las nubes cúmulonimbo pueden traer mal tiempo. Esta foto muestra una inundación severa en Grand Forks, Dakota del Norte.*

Las nubes cúmulonimbo son muy grandes. Contienen mucha agua. La lluvia procedente de este tipo de nubes puede causar inundaciones. Si parte de la temperatura de la nube está por debajo del punto de congelación, se forma granizo.

Capítulo tres

Sólidos, líquidos y gases en casa

Todas las sustancias a tu alrededor pueden ser descritas como sólidos, líquidos o gases.

Punto de fusión

Las sustancias se derriten a distintas temperaturas. La tabla muestra los puntos de fusión de algunas sustancias que conoces. Algunas de ellas podrías encontrarlas en tu cocina.

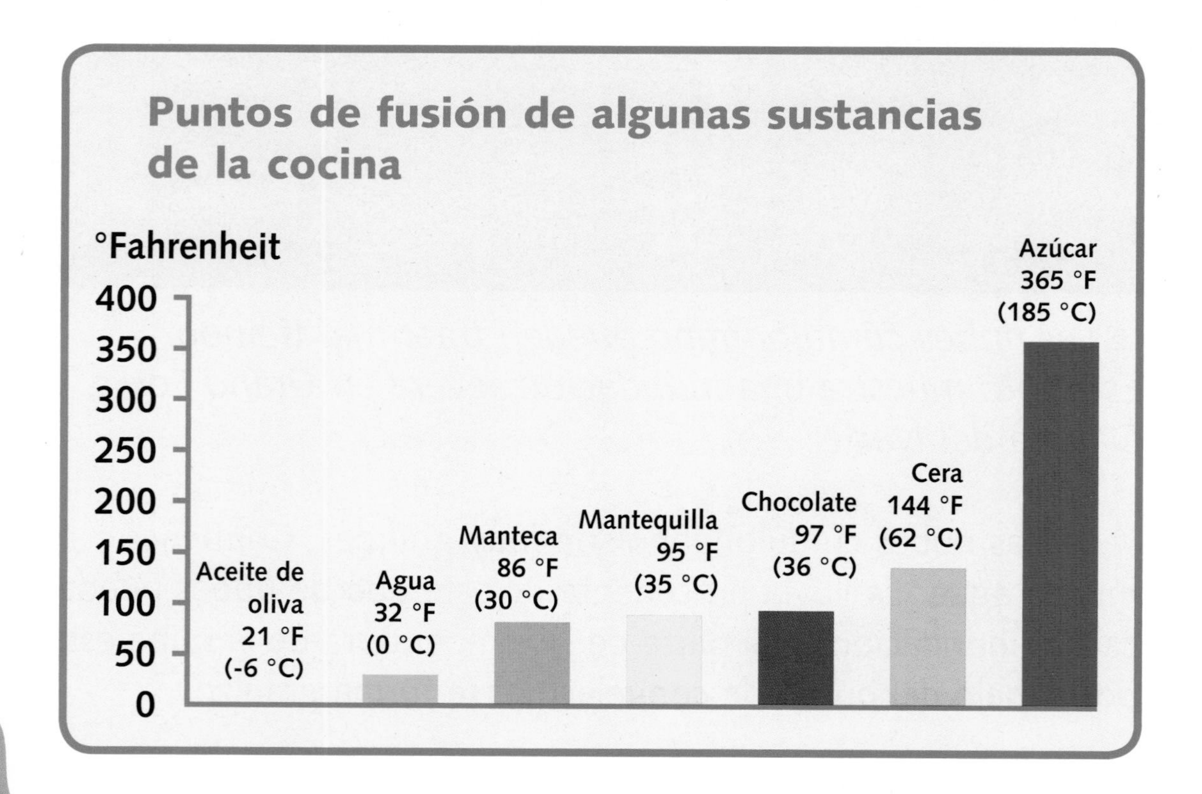

▶ *El chocolate funde a unos 97 °F (36 °C), que es justo por debajo de la temperatura del cuerpo. El chocolate es muy rico porque ¡se funde en tu boca!*

La temperatura en una habitación está generalmente alrededor de los 65° F (18° C). Un material con un punto de fusión más bajo que esta temperatura será un líquido. El aceite de oliva y el agua son líquidos a temperatura ambiente.

Punto de ebullición

Las sustancias diferentes hierven a distintas temperaturas. Líquidos tales como la leche y el zumo de fruta están constituidos principalmente por agua. Esto significa que deben hervir alrededor de la misma temperatura que el agua, a 212° F (100° C).

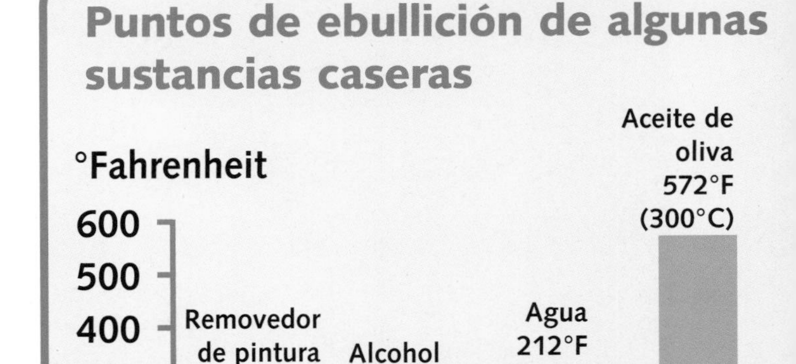

COCINAR

Si calentamos la mantequilla se derrite. Se convierte en un líquido. Si calentamos un huevo convertimos un líquido en un sólido. Esto ocurre porque el calor está cambiando los productos químicos de que está hecho el huevo. No es lo mismo que un cambio de estado.

¿Es el azúcar un sólido o un líquido?

Los sólidos tienen formas determinadas. Los líquidos fluyen y toman la forma del recipiente que los contienen. La superficie de un líquido es plana. El azúcar tiene algunas de las **propiedades** de los líquidos. Puede verterse de un recipiente a otro. Adoptará la forma del recipiente en que se encuentre.

▲*El azúcar tiene algunas propiedades de los sólidos y algunas de los líquidos.*

ESPARCIENDO POLVO

Algunos fertilizantes vienen en forma de polvo. Estos pueden ser bombeados y rociados, como un líquido.

El azúcar también tiene algunas de las propiedades de un sólido. Puedes hacer un montón de azúcar. Pero se convierte en una superficie plana a menos que tú la fuerces a ello.

Fíjate bien en el azúcar. Puedes ver que está hecha de pequeños cristales. Los cristales son sólidos. Los materiales sólidos a veces se comportan como líquidos si sus partículas son muy pequeñas. Otros materiales sólidos que pueden actuar como líquidos son la sal y la arena.

Mezclas de estados

Muchas cosas a tu alrededor son combinaciones de sustancias en diferentes estados.

Algunas lacas de pelo vienen en una lata de aerosol. La laca es una mezcla de pequeñas gotas de líquido y gas. El líquido es una sustancia química que mantiene el cabello en su lugar. El gas ayuda a rociar las gotas de líquido sobre el cabello. La mezcla de gotas de líquido en un gas se llama **aerosol**.

NUBES

Las nubes son aerosoles porque son pequeñas gotas de líquido (agua) mezcladas con un gas (el aire). Las brumas y nieblas también son aerosoles. ¡Son solo nubes que llegan al suelo!

La espuma de goma es goma sólida con una gran cantidad de burbujas de aire dentro. La espuma de goma es suave y mullida. Se utiliza en cojines y juguetes.

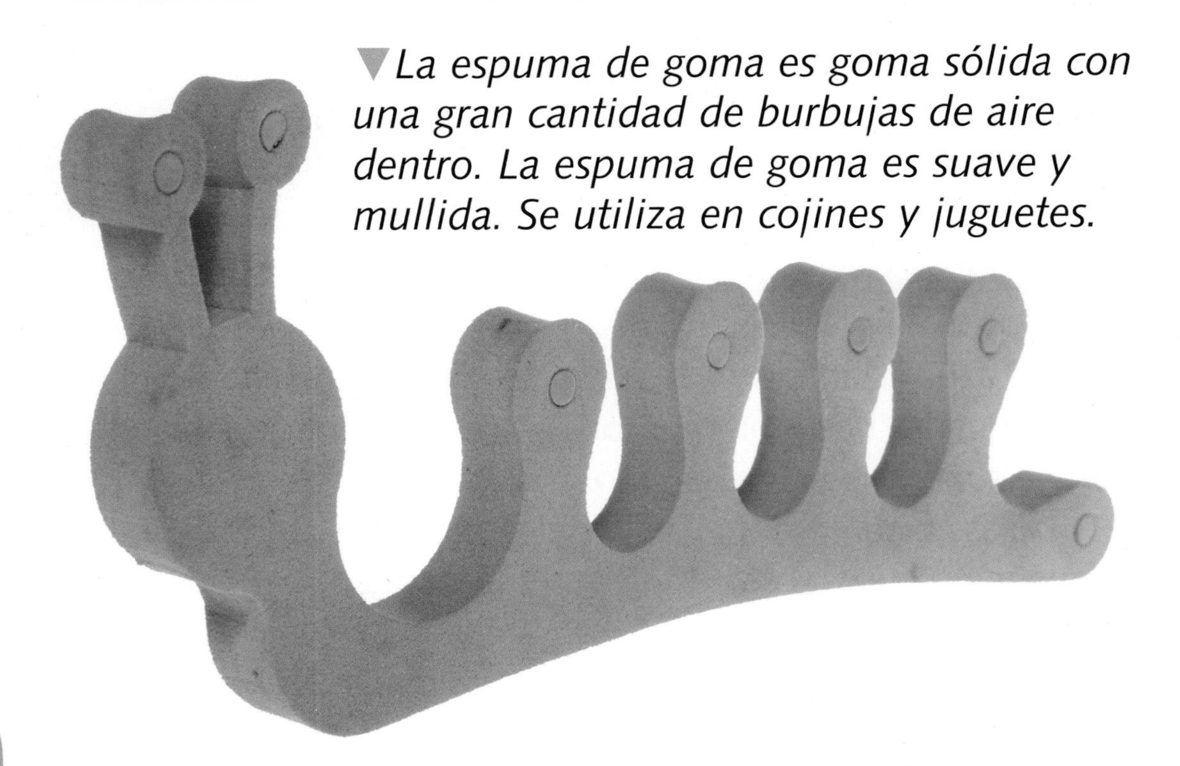

▲*Espuma (crema) encima de una emulsión (leche)*

Algunos alimentos son también mezclas. La leche es una mezcla de agua y gotitas de grasa líquida. Las mezclas de dos líquidos se denominan emulsiones. La crema batida es una espuma de burbujas de aire en un líquido.

Capítulo cuatro

Evaporación

¿Cómo puedes acelerar la evaporación?

La ropa necesita ser lavada cuando se ensucia. Después que se lava, se evapora el agua en ella. Cuando toda el agua se ha evaporado, la ropa está seca.

Puedes ayudar a que la ropa mojada se seque rápidamente extendiéndola en una tendedera. El agua se evapora más rápido cuando está más caliente. Así que la ropa se secará en menor tiempo en un día caluroso que en un día frío.

▼*Estos delantales se secarían más rápido si soplara una brisa.*

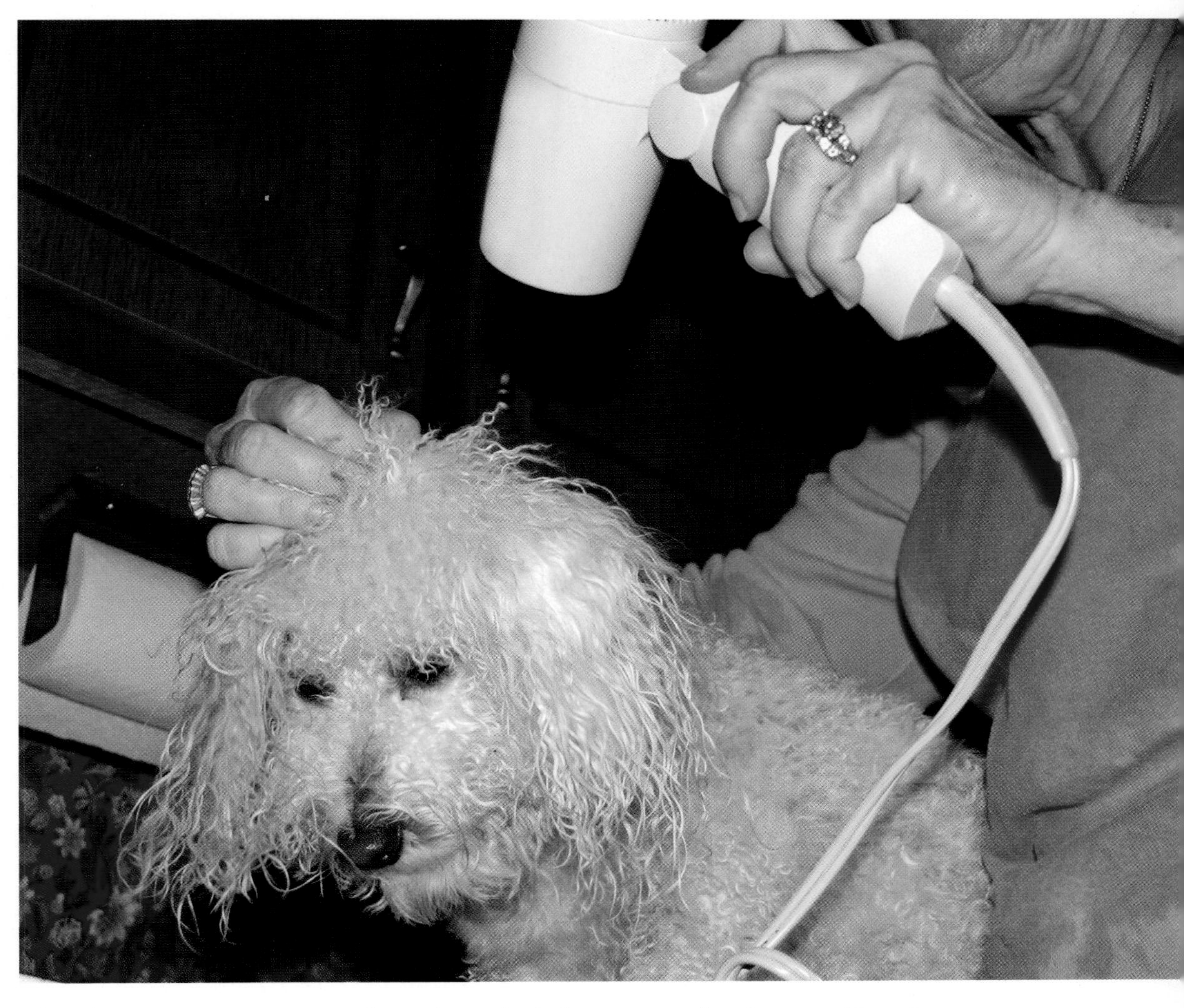

▲*El perro se secará más rápido por el aire caliente del secador.*

Cuando el agua se evapora, el vapor de agua se mezcla con el aire. Finalmente el aire llega a un punto en que no puede contener más agua. Cuando esto sucede, el agua no puede evaporarse de la ropa.

La ropa mojada se seca más rápido en un día ventoso. Esto es porque el viento se lleva lejos el vapor de agua. Las secadoras de ropa y el secador de pelo también aceleran la evaporación. Soplan aire caliente. El calor ayuda a evaporar el agua de la ropa o del pelo. El aire se lleva el vapor de agua.

▲*Puedes perder mucha agua en forma de sudor cuando hay calor. Necesitas beber más agua para reemplazarlo. ¿Tienes que asegurarte de que tu cuerpo tenga agua suficiente.*

¿Cómo te mantiene fresco la evaporación?

Cuando corres, tu cuerpo se pone caliente y puede empezar a sudar. Tu cuerpo usa el sudor para mantenerse fresco. Las glándulas sudoríparas de la piel producen este líquido salado. Cuando el sudor se evapora, refresca tu piel. Cuando una parte de un líquido se evapora, el líquido que queda está más fresco que antes.

El sudor funciona mejor en un día ventoso. Los líquidos pueden evaporarse más rápido cuando una brisa aleja el vapor que se evaporó.

El aire **húmedo** es el aire que ya contiene una gran cantidad de vapor de agua. Esto hace más difícil que el sudor se evapore. Te sientes incómodo en los días húmedos porque tu sudor no se evapora. Te sientes caliente y pegajoso.

PERROS FRÍOS

Los perros pueden sudar solo a través de sus patas, donde no hay ninguna piel. Los perros jadean para mantenerse frescos.

Capítulo cinco

Cambios de estado extremos

Los metales, como el hierro y el acero, se pueden moldear de diferentes formas. Algunas cosas hechas de hierro se hacen fundiéndolo. El hierro líquido se vierte en un molde. Cuando se enfría, se transforma en un cuerpo sólido y toma la forma del molde.

▼*El hierro fundido es vertido en un molde.*

Algunos objetos se calientan mucho cuando se utilizan, así que deben estar hechos de materiales con puntos de fusión elevados. De esa manera, no se derriten o cambian de forma mientras están siendo utilizados. El punto de fusión de la sustancia debe ser mayor que la temperatura que alcanzará el objeto.

Punto de fusión de algunos metales

Metal	Punto de fusión
Aluminio	1,220°F (660°C)
Oro	1,947°F (1,064°C)
Hierro	2,795°F (1,535°C)
Plata	1,764°F (962°C)
Acero	2,500°F (1,371°C)
Titanio	3,020°F (1,660°C)

▲*La temperatura de un motor de avión puede llegar a los 2,800 °F (1,538 °C). El motor debe estar compuesto de materiales con puntos de fusión elevados. Uno de estos materiales es el titanio.*

Puntos de ebullición bajos

El aire que te rodea es una mezcla de gases. Estos gases incluyen **nitrógeno, oxígeno** y **dióxido de carbono**. Todas estas sustancias tienen puntos de ebullición muy bajos. Esto significa que incluso en el clima más frío, la temperatura no es lo suficientemente baja como para condensarlos en líquidos.

Puntos de ebullición de algunos gases

Gas	Punto de ebullición
Dióxido de carbono	-108 °F (-78 °C)
Metano	-263 °F (-164 °C)
Oxígeno	-297 °F (-183 °C)
Nitrógeno	-321 °F (-196 °C)

CUERPOS CONGELADO-SECADOS

En Suecia, un cadáver puede ser congelado con nitrógeno líquido. El cuerpo se vuelve muy frágil. Luego, se remueve para hacerlo polvo. El polvo se entierra y forma un abono que puede ser utilizado por las plantas en menos de un año.

Los científicos usan nitrógeno líquido para congelar células que usarán en investigaciones.

HIELO SECO

El dióxido de carbono es una sustancia química inusual. Si calientas dióxido de carbono sólido, no pasa a líquido, sino directamente a gas. Este cambio se llama sublimación. El dióxido de carbono sólido se conoce como "hielo seco". Se utiliza para hacer efectos de "humo" en los escenarios.

Algunos de los gases son líquidos en otros lugares del sistema solar. Titán es una de las lunas de Saturno. La temperatura en su superficie es de -289 °F (-178 °C). Esta temperatura es lo suficientemente baja como para que el gas metano se convierta en un líquido. Las piscinas de metano líquido pueden verse sobre esa superficie lunar.

Capítulo seis

Volcanes y lava

El interior de la Tierra está muy caliente. En algunos lugares, es lo suficientemente caliente como para fundir la roca. La roca fundida dentro de la Tierra se llama **magma**. La **lava** es la roca fundida que sale de los volcanes.

Cuando la lava se enfría, forma roca sólida. La lava que fluye desde los volcanes hawaianos es muy blanda. Fluye por largo rato antes de que se enfríe. Poco a poco la roca nueva se acumula y forma un cono.

La lava de algunos volcanes es más pegajosa. No fluye muy lejos antes de enfriarse. A veces, el volcán entra en erupción tirando trozos de roca y ceniza al aire. La lava enfriada y las cenizas se acumulan y forman volcanes más escarpados.

VOLCANES EXTRATERRESTRES

Los volcanes también se pueden encontrar en otros lugares del Sistema Solar. Marte tiene algunos volcanes que están inactivos. Se dice que están extintos. Lo, es una de las lunas de Júpiter. Tiene volcanes activos.

▲*El Monte Fuji es un volcán de Japón que está formado por capas de lava y cenizas.*

▲*La Calzada de los gigantes, en Irlanda del Norte, está formada por unas 40,000 columnas de basalto. Estas rocas volcánicas están hechas de lava enfriada.*

¿Qué le pasa a la lava cuando se congela?

Cuando la roca fundida, o lava, se congela, forma cristales. Si la roca se congela rápidamente, los cristales no tienen tiempo para crecer mucho.

La lava que corre desde los volcanes se enfría rápidamente. Forma rocas como el **basalto**. El basalto tiene cristales minúsculos.

El magma puede quedar atrapado bajo tierra. Como toma un tiempo largo para que ese magma se enfríe, los cristales tienen tiempo para crecer más. El granito es una roca que se forma cuando el magma se enfría bajo tierra.

▼*Esto es un tubo de lava. La lava se ha congelado en la superficie, pero sigue fluyendo abajo.*

▲*Una gigantesca columna de humo erupcionando del Monte Santa Elena en el condado Skamania, Washington.*

Peligro, volcán!

Algunos volcanes tienen erupciones mortales. Una de las más famosas es la erupción del Vesubio, en Italia. Esto sucedió en el año 79 d. C. Enterró las ciudades de Pompeya y Herculanium bajo 50 pies (15 metros) de ceniza. Más de 2,000 personas murieron.

La erupción más grande en los últimos años fue la del Tambora, en Indonesia. El Tambora entró en erupción en 1815. Unas 10,000 personas murieron. Lanzó tanta ceniza a la atmósfera que ocultó los rayos de sol y la Tierra se enfrió. Ese año fue llamado "el año sin verano". El clima era tan frío que las cosechas se perdieron. Otras 20,000 personas murieron de hambre.

La lava y la ceniza no son los únicos peligros de las erupciones. El calor de la lava puede derretir nieve y hielo en la cima del volcán. El agua forma flujos de lodo que pueden enterrar pueblos enteros. Navado del Ruiz es un volcán de Colombia que entró en erupción en 1985. Los deslizamientos causaron más de 23,000 muertos.

▼*Un deslizamiento de lodo en Armero, Colombia, causado por la erupción del Nevado del Ruiz, en noviembre de 1985.*

Capítulo siete

Teoría de partículas

Propiedades de los sólidos, líquidos y gases

Todos las sustancias están hechas de partículas diminutas. Estas se llaman **átomos**. A veces los átomos se unen para formar **moléculas**. Los científicos hablan de diferentes sustancias refiriéndose a estas partículas. Hablan de cómo se organizan los átomos (o moléculas). Esto ayuda a los científicos a explicar los sólidos, líquidos y gases.

Sólidos

En los sólidos, las partículas están dispuestas en un patrón regular. Se mantienen juntas por fuerzas grandes. Por esta razón los sólidos tienen una forma definida. No puedes aplastar o cambiar el volumen de los sólidos. Las partículas ya están lo más cercanas las unas de las otras como es posible.

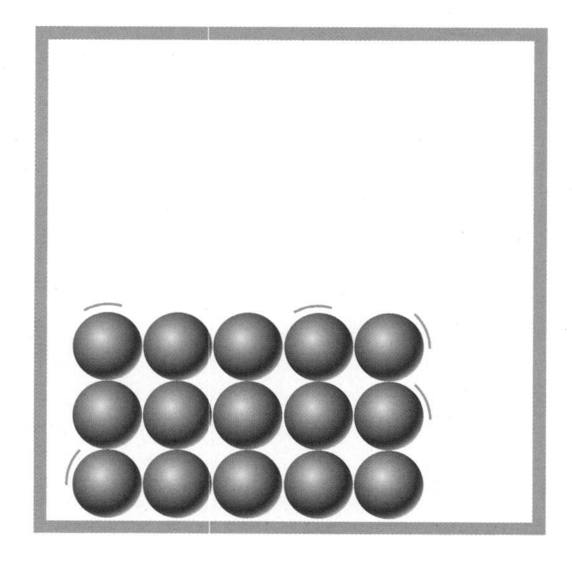

►*Este diagrama muestra las partículas en un sólido.*

Líquidos

En los líquidos, las partículas aún están muy cercanas las unas a las otras. Pero las fuerzas para mantenerlas juntas no son tan fuertes como en los sólidos. Las partículas pueden moverse. Por esta razón puedes verter un líquido. No se puede comprimir un líquido debido a que las partículas ya están muy juntas.

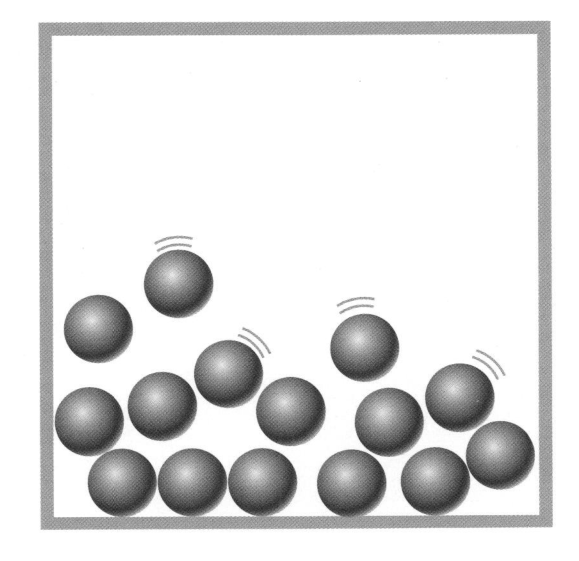

Este diagrama muestra las partículas en un líquido.

Gases

Las partículas en un gas están muy separadas. Se mueven muy rápidamente. Los gases son fáciles de comprimir porque hay mucho espacio entre las partículas.

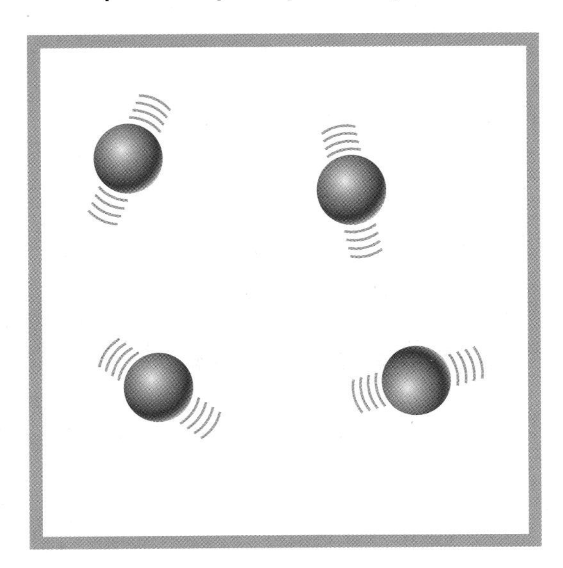

Este diagrama muestra las partículas en un gas.

¿Qué pasa cuando se calienta una sustancia?

Este diagrama muestra lo que les pasa a las partículas de un sólido al ser calentadas.

Observa cómo se mueven las partículas al elevar la temperatura

Las partículas de un sólido siempre vibran.

Mientras más se calienta el sólido, más vibran las partículas. Ocupan más espacio. El sólido se expande.

Algunas partículas se escapan del sólido. El sólido se funde.

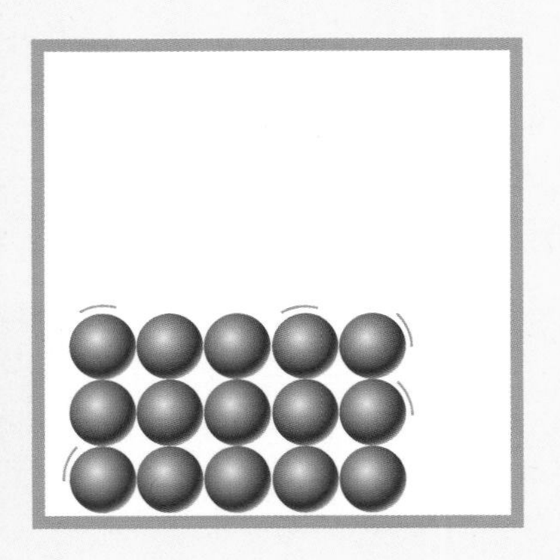

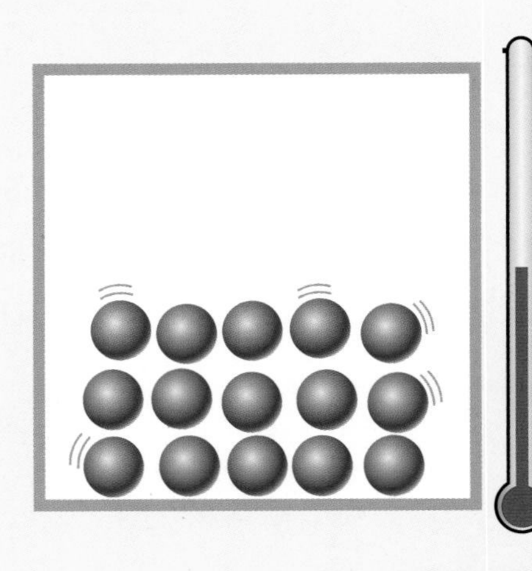

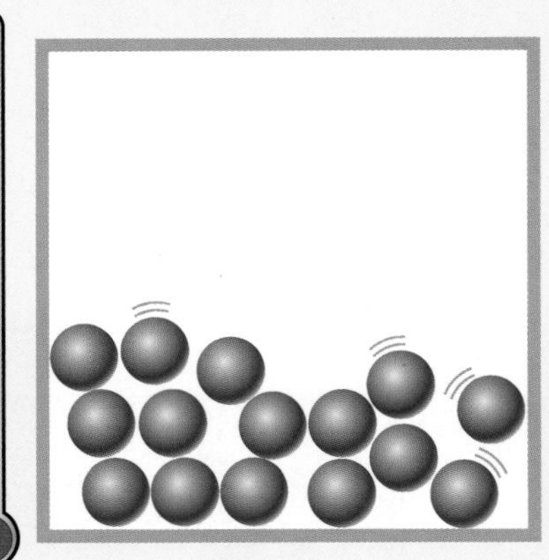

Punto de fusión

AUMENTANDO

La sustancia se convirtió en líquido.

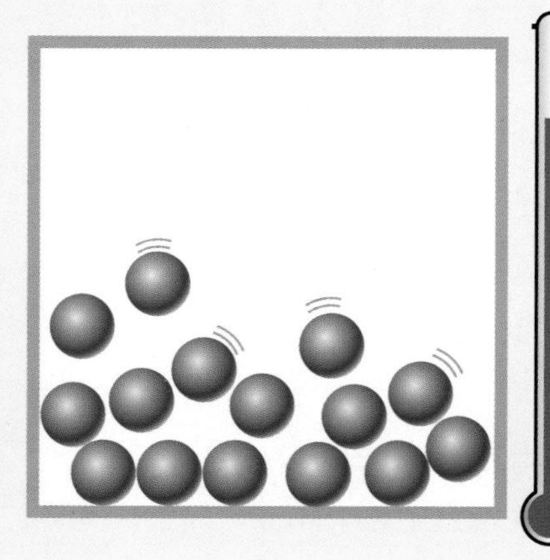

El líquido hierve. Las partículas se mueven más rápido. Algunas de las partículas tienen energía suficiente para escapar del líquido. Se evaporan.

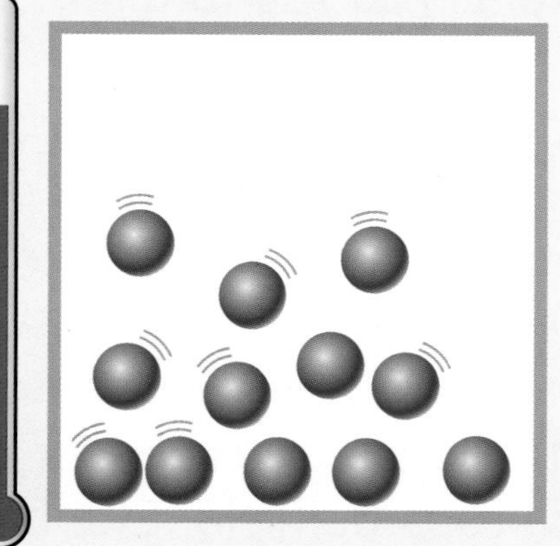

Cuando la temperatura se mantiene en el punto de ebullición durante algún tiempo, todo el líquido se evapora. El material se ha convertido en gas.

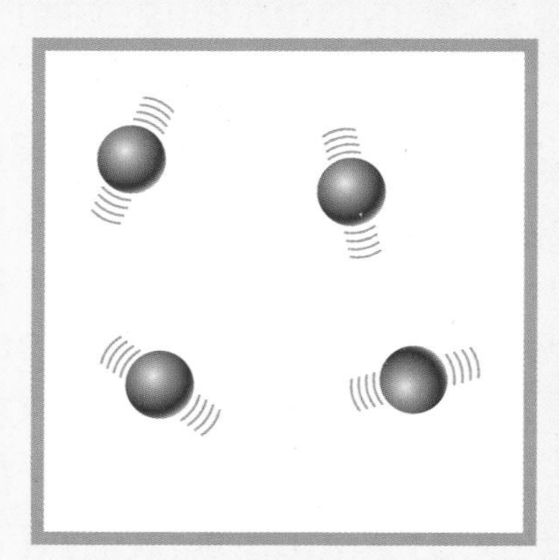

Punto de ebullición

LA TEMPERATURA

Capítulo ocho

Hielo: ¿un sólido especial?

¿Por qué el hielo flota?

La mayoría de las sustancias se vuelven más pequeñas al enfriarse. Decimos que se contraen. Esto significa que un trozo de hierro sólido no flotará en hierro líquido.

El hielo es diferente. El agua se contrae cuando se enfría, pero solo hasta los 39 °F (4 °C). Al enfriarse más, comienza a expandirse ligeramente. El hielo se forma a 32 °F (0 °C). El hielo flota en el agua.

Esta propiedad del hielo es muy importante para los animales y plantas que viven en el agua. Si el hielo no flotara, lagos, estanques y ríos se comenzarían a congelar desde el fondo. Algunos podrían congelarse completamente. Esto podría matar a todos los organismos que viven allí.

Pero el hielo flota. En la parte superior de un lago o un estanque se forma una capa de hielo. Este hielo detiene el enfriamiento rápido del resto del agua. Los animales y las plantas pueden vivir en el agua líquida bajo el hielo.

Los peces viven en el agua debajo del hielo.

▲*Icebergs flotando en el mar*

Icebergs

El mar cerca del Polo Norte está cubierto de hielo flotante. La tierra del Polo Sur también está cubierta de hielo. A veces se rompen pedazos de hielo y flotan. Estos pedazos flotantes de hielo son llamados icebergs

EL DESASTRE DEL TITANIC

La mayor parte de un iceberg está bajo el agua. Esto hace difícil saber el tamaño de un iceberg de solo verlo. El barco de pasajeros Titanic golpeó la parte submarina de un iceberg en 1912. El hielo hizo una rajadura en la nave, y esta se hundió. Unas 1,500 personas murieron.

Rompiendo rocas

El agua se expande cuando se congela. A menudo las rocas tienen pequeñas grietas. El agua se mete en las grietas. Cuando la temperatura desciende, el agua se congela. Como se congela, se expande y empuja la roca. Esto hace que la grieta se haga más grande. El hielo se derrite cuando el tiempo es más caluroso. Entonces, el agua penetra más profundamente en la grieta. Esto se repite una y otra vez. Finalmente, esto puede romper las rocas.

▲*Estas rocas fueron rotas por el hielo.*

¿Qué pasará si se derrite el hielo?

Cuando usamos energía o quemamos combustibles, liberamos dióxido de carbono a la atmósfera. Este dióxido de carbono adicional calienta la Tierra.

Los glaciares son "ríos" de hielo que se forman en las zonas frías. Los glaciares son cada vez más pequeños conforme el clima se calienta. El hielo también se está derritiendo en el Polo Norte y en el Polo Sur. El agua del derretimiento del hielo en el Polo Sur va al mar. Los niveles del mar en todo el mundo están subiendo.

▲*¿Se extinguirán los osos blancos si se derrite el hielo del Polo Norte?*

▲ *¿Qué les pasará a las personas que viven en esta isla si sube el nivel del mar?*

Algún día, algunos países bajos pueden ser inundados. En muchos países las personas que viven cerca de las costas podrían verse obligadas a mudarse a tierras más altas.

Glosario

aerosol — mezcla de gotas de líquido y gas

átomo — partículas pequeñas que forman todas las sustancias

basalto — tipo de roca formada cuando la lava se enfría rápidamente

Ciclo del agua — cambios que le ocurren al agua cuando se evapora de los mares, cae como lluvia y vuelve al mar

condensación — gas convirtiéndose en líquido

congelación — líquido convirtiéndose en sólido

contaminación — cuando sustancias químicas dañinas son añadidas al aire, el suelo o el agua

cristal — parte de una sustancia con bordes cortantes y plana

dióxido de carbono — gas del aire que ayuda a mantener la Tierra caliente

ebullición — cuando un líquido se torna en gas lo más rápido posible

estado — los estados de la materia son sólido, líquido y gas

evaporación — líquido convirtiéndose en gas

fusión — sólido cambiando a líquido

gas — sustancia invisible, fácil de comprimir y que se expande hasta llenar el recipiente que lo contiene

granito — tipo de roca que se forma cuando el magma se enfría lentamente

húmedo — cuando hay mucho vapor de agua en el aire

lava — roca derretida que sale de un volcán

líquido — sustancia mojada que puedes verter

magma — roca derretida bajo la superficie de la Tierra

microorganismo — ser vivo pequeño que solo puede ser visto a través de un microscopio

molécula — partícula pequeña formada por dos o más átomos enlazados

nitrógeno — gas del aire, cerca de un 78 por ciento de la atmósfera es nitrógeno

nube — pequeñas gotas de agua flotando en el aire

oxígeno — gas del aire que necesitamos respirar, cerca de un 21 por ciento de la atmósfera es oxígeno.

punto de congelación — temperatura a la que un líquido comienza a congelarse, el punto de congelación de una sustancia es igual a su punto de fusión

punto de ebullición — temperatura a la que un líquido comienza a ebullir

punto de fusión — temperatura a la que un sólido comienza a fundirse, el punto de congelación de una sustancia es igual a su punto de fusión

propiedad — manera de describir cómo es algo (por ejemplo, dos propiedades del hielo son que es sólido y tiene forma definida)

sólido — sustancia con forma y volumen definidos

vapor de agua — vapor formado cuando el agua hierve

volumen — cantidad de espacio que algo ocupa

Más información

Libros

States of Matter. Carol Baldwin. Raintree, 2006.

States of Matter. Robert Snedden. Heinemann, 2007.

States of Matter: Gases, Liquids, and Solids. Krista West. Chelsea House, 2007.

Volcanoes. Michael Woods. Lerner, 2007.

Sitios de la internet

http://ga.water.usgs.gov/edu/mearth.html

USGS Water Science for schools.
Este sitio ofrece información sobre muchos aspectos del agua, junto con fotos, datos, mapas y actividades interactivas.

http://www.kidzone.ws/water/

Brinda información y actividades sobre el Ciclo del agua.

http://www.weatherwizkids.com/lightning1.htm

Este sitio provee algunos datos interesantes sobre los rayos.

http://saltthesandbox.org/rocks/index.htm

Este sitio te brinda pistas para identificar rocas en tu barrio.

http://www.harcourtschool.com/activity/states_of_matter/
Este muestra una ilustración animada sobre cómo las partículas se ordenan en los sólidos, líquidos y gases.

http://www.uscg.mil/lantarea/iip/students/default.htm
Mas información sobre los icebergs, incluyendo una descripción del viaje de un iceberg.

http://www.epa.gov/kids/
Agencia de Protección Ambiental de EE. UU.
Este sitio provee más información sobre los cambios del clima. También contiene un esquema animado del Ciclo del agua.

Índice